EXPOSITION

DES

MAITRES JAPONAIS

(Collection A. HUC)

PRIX : 1 FRANC

AVIS

Prochainement seront mis en vente des exemplaires de lux[illegible] papier du Japon, au prix de 5 francs. Ce nouveau Catalogu[illegible] mera 24 reproductions en couleur des principales œuvres [illegible] On peut souscrire dès à présent aux Bureaux de *La Dépê[illegible]* [illegible], Faubourg-Montmartre, Paris.

Les Maîtres Japonais

ÉCOLE DES BEAUX-ARTS

Quai Malaquais

PARIS

EXPOSITION

DES

MAITRES JAPONAIS

(Collection A. HUC)

Les traductions de signatures ou de légendes et les expertises sont dues à M. K. Kawada.

Du 2 au 15 Mai 1900

Prix : 1 franc

AVIS

Prochainement seront mis en vente des exemplaires de luxe sur papier du Japon, au prix de 5 francs. Ce nouveau Catalogue renfermera 24 reproductions en couleur des principales œuvres exposées. On peut souscrire dès à présent aux Bureaux de *La Dépêche*, 4, Faubourg-Montmartre, Paris.

J'ai entrevu, pendant quelques instants trop courts, un certain nombre des œuvres de la collection de kakémonos patiemment et amoureusement réunie par M. A. Huc, qu'il expose aujourd'hui, quai Malaquais, au profit de l'Orphelinat des Arts. Et, de nouveau, devant ces peintures du Japon, j'ai connu le charme et le ravissement qui émanent de cet art si varié, si léger, si riche, si limpide.

Auprès de ces figures vivaces, de ces paysages aériens, il faut bien le dire, notre peinture d'Occident apparaît lourde de procédés, triste, opaque, compliquée et monotone. Ne cherchez pas ailleurs que dans cette comparaison la cause du goût exclusif et passionné que manifestent les japonisants. L'art d'Occident garde ses avantages, que je n'ai pas besoin de préciser, mais les peintures de là-bas font goûter à ceux qui les aiment des délices particulières. Il y a un mystère dans leur subtilité, une vie brillante qui court sous leurs traits rapides et sous leurs taches transparentes. Une peinture japonaise évoque en mon esprit des analogies avec tout ce qu'il y a dans les choses d'agile, de fugace, de sous-entendu, de lointain, de reflété. Je pense à la fois au vol de l'oiseau, au parfum de la fleur, au rayon de soleil qui dore une nuée, au sommet de montagne qui apparaît tout seul en plein ciel, au rythme de l'eau, à la buée lunaire, à l'accord d'un sourire avec un regard. Je ne sais pas à quoi je pense, ou plutôt je ne sais pas à quoi je ne pense pas. Je pense à tout le multiple de la vie, à tout ce qu'elle montre d'aspects, à tout ce qu'elle met en mouvements, à tout ce qu'elle dégage de force. L'art japonais, pour moi, est un extraordinaire miroir où toutes ces images brisées viennent s'inscrire avec une grâce fugitive infiniment délicieuse, avec une joie fine qui est toute une philosophie. Son caractère est de comporter à la fois une vérité très particulière d'observation et une forme de dessin dont la puissance de synthèse n'a pas été dépassée. A chaque page, nous avons devant les yeux un résumé, un minimum stupéfiant de lignes, d'indications, et en même temps nous vivons une minute du temps avec une complexité de sensations d'une richesse infinie. Tout nous paraît fixé avec une sorte de rigueur scientifique, à l'aide de tous les calculs de proportions, de tous les établissements d'équilibres, de toutes les nécessités de la composition décorative. Oui, vraiment, tout est fixé, et pourtant, tout bouge, tout frémit, tout s'anime, même la volonté d'immobilité de l'homme, même le silence de la nature solitaire.

Si vous observez quelque dieu assis sur son trône fleuri de lotus, les jambes croisées, tenant en sa main un fruit qu'il contemple obstinément et sereinement, vous croirez, à première vue, apercevoir seulement une raide figure hiératique, née d'une ancienne formule, reproduisant une invariable attitude. Observez plus longtemps et mieux, et le personnage va devenir pour vous un interlocuteur d'une présence presque gênante. Vous allez voir se dessiner un imperceptible sourire sur sa bouche close. Ses yeux aux paupières baissées vont filtrer un regard doux et ironique. Son front va prendre une signification de pensée bien abritée. Sur tous ses traits qui vous semblaient inertes va se révéler une expression indéfinissable, de plus en plus visible, et qui vous enseignera l'acceptation joyeuse et la sagesse bienveillante.

Si vous avez devant vous une silhouette de femme, une de celles qui se dressent sous la longue robe et la large ceinture, ne vous hâtez pas de ne voir que de froids linéaments, des tons plats, un assemblage méticuleux de couleurs. Par les quelques lignes tracées d'un pinceau ferme, voici qu'un gracieux corps infléchi se dessine, en forme de sabre recourbé. Du long fourreau de la robe un bout de pied nu sort, les épaules se dégagent. Les longues manches laissent passer les mains fluettes. Peu à peu, c'est la chair même de la femme qui délicatement se révèle, des bras souples comme des lianes, des jambes en marche, une taille libre, un buste qui oscille, la naissance des seins, un col onduleux. Le visage est simplifié en quelques traits, les sourcils, les yeux, le nez, la bouche, et cela suffit, avec une ligne d'ovale qui semble enlevée d'un seul coup de pinceau, pour nous donner l'impression du modelé, du volume, et pour composer une physionomie qui est, en même temps que celle de la femme généralisée, celle d'une certaine femme que l'artiste a représentée avec sa manière d'être individuelle.

Si vous passez en revue le monde des animaux, vous retrouverez cette tendance invincible à extraire de tous les êtres une signification de type, et en même temps vous saisirez la vie sur le fait par d'étonnantes nuances d'observations. La forme de barque du canard chassant l'eau derrière lui du mouvement d'aviron de ses pattes, l'œil féroce de brigand captif de l'aigle enchaîné, la mise en boule du chat qui dort sans dormir, le tournement du corps d'un petit oiseau agraffé par ses pattes à une branche, la torsion d'un poisson virant dans l'eau, et tant et tant de caractères d'animaux, du crabe au singe, de la couleuvre au paon, de la souris au cheval, tant de caractères définis avec une si merveilleuse justesse — le détail d'existence restant véridique, absolument réel, malgré l'application d'un principe d'art qui veut toujours la force, la richesse, l'ampleur, et l'ornementation dans le beau sens logique du mot.

Si vous rêvez devant un paysage, c'est encore et toujours une construction, un assemblage de lignes, une harmonie de plans, une architecture où l'on croit trouver une signification immuable, et c'est aussi le charme d'un instant, un état fugitif des choses — un fleurissement de printemps, une oblique tombée d'averse, un lent tourbillon de neige — une minute, une saison — une émotion.

Ce sont là les raisons essentielles d'admirer et d'aimer l'art japonais. Si vous abordez ensuite cette grande histoire qui va du cinquième siècle au dix-neuvième siècle — si vous étudiez les périodes de l'école bouddhique, de l'école aristocratique de Tosa, de l'école chinoise et classique de Kano, de l'école naturiste née à la suite, de l'école vulgaire qui s'empare de toute la vie — si vous cherchez à reconnaître les personnalités d'artistes qui s'inscrivent à la suite d'Inshiraga et de Kanaoka, les plus anciens noms connus, si vous étudiez les œuvres si différentes de Masanobou, Motonobou, Sesshiu, Naonobou, Tanyu, Mitsouoki, Korin, Itshio, Sosen, Moronobou, Harounobou,

Shiounshô, Kiyonaga, Outamaro, Toyokouni, Hokousaï, Hiroshighé, et d'autres, et d'autres, — si vous lisez tant de travaux des érudits et des écrivains qui ont donné leur science, leur ingéniosité, leur poésie, à la gloire du Japon — vous vous passionnerez davantage, et vous admirerez plus encore. L'exposition des kakémonos de la collection de M. A. Huc, à l'Ecole des Beaux-Arts, comme l'exposition d'estampes, faite il y a dix ans dans les mêmes salles, va être l'occasion, pour beaucoup, de cette révélation et de cette étude. Je n'ai pas à dire ici ce que l'on trouvera dans cette exposition, ni à répéter les commentaires d'un Catalogue établi avec un soin infini. Que chacun cherche, scrute, comprenne. L'art du Japon veut des esprits réfléchis, des adeptes attentifs. Il n'a rien à voir, quoi qu'on en ait dit, avec la mode et la vogue. Le temps travaille pour lui, et, fort de son passé, il est sûr de l'avenir.

Gustave GEFFROY.

Les Kakémonos

On appelle *kakémonos* ou *kaké-zi* (litt. *chose suspendue)* ces peintures sur soie ou sur papier, élégamment encadrées de bandes d'étoffes unies ou brochées, montées sur une feuille de papier épais et enroulées sur un léger cylindre de bois de pin, garni à ses extrémités de bouts en ivoire, en corne, en bois naturel ou laqué. Le kakémono est le tableau des Japonais. Ceux-ci en ont emprunté l'usage à la Chine. Il est peu de maisons, si modestes qu'elles soient, qui n'en possèdent un ou plusieurs. On les déroule et on les accroche aux cloisons intérieures, les jours où l'on reçoit un ami, ou lorsque quelque étranger honore la maison de sa visite. Une place, dite *tokonoma*, est d'ordinaire réservée dans les maisons bourgeoises à un kakemono que l'on change de temps à autre.

Lorsqu'un Japonais de distinction, dit M. Appert, cède à un nouveau locataire la maison qu'il habitait, il laisse un kakemono dans la pièce principale afin que son successeur puisse immédiatement recevoir ses hôtes, s'il s'en présente, dans une pièce meublée.

La monture de soie des kakémonos est souvent du plus grand luxe, l'encadrement d'une variété de dessin infinie et presque toujours de la plus exquise couleur, s'harmonisant à merveille avec la peinture elle-même. Une monture soignée est toujours l'indice d'une œuvre estimée. C'est dans la monture des kakémonos que l'on retrouve les échantillons des plus beaux et des plus anciens tissus.

M. Anderson (*Pictorial arts of Japan*, p. 116 et suivantes) a minutieusement décrit les diverses façons dont peuvent être montées ces peintures.

Ecole bouddhique

Les plus anciennes peintures japonaises connues remontent au huitième siècle de notre ère; elles appartiennent à l'école bouddhique. Aucun monument d'un art primitif antérieur n'est parvenu jusqu'à nous. Le Bouddhisme semble avoir apporté avec lui son art au Japon. Propagé par les Coréens au sixième siècle, reconnu en 624 comme religion d'État, il engendre bientôt des œuvres importantes. La célèbre statue colossale du Bouddha de Nara est fondue en 749. Un peu plus tard, Kanaoka est le chef d'une école de peinture qui prend pour idéal l'art bouddhiste éclos dans l'Inde. Cet art, dit M. Duret, arrivait au Japon complètement développé, et il devait se maintenir sous sa physionomie primitive, avec la persistance des arts hiératiques emprisonnés dans les formes arrêtées d'un rituel religieux. L'école bouddhique a ainsi conservé jusqu'à nos jours presque intact le caractère original qu'elle avait emporté de son berceau.

(Catalogue Ph. Burty).

En signe de respect, les peintures bouddhiques ne portent pas la signature de l'auteur.

Tchujo-Hime

(763)

1 — Le Paradis bouddhique *(Taima-no-Mandara)*.

Ce kakémono représente tout ce qui est connu du paradis de Bouddha et du royaume des cieux. Dans la partie centrale du tableau sont représentées Amitawa, Kwannon, Seishi et autres divinités importantes du Bouddhisme qui sont divisées en neuf classes. La partie supérieure est occupée par les divinités qui possèdent les trois classes supérieures; la partie moyenne par celles qui possèdent les trois classes moyennes et la partie inférieure par celles qui possèdent les trois dernières classes. De chaque côté sont indiqués les divers états de la vie céleste. Dans le coin inférieur, à gauche, sont représentés quelques criminels, pêcheurs, chasseurs, meurtriers auxquels remise a été faite de leur punition et qui ont obtenu la permission d'entrer au paradis pour se confesser devant Bouddha.

Dans la religion chrétienne, les anges ont des ailes comme les abeilles, mais dans la religion bouddhique ils portent sur les épaules des machines à voler. Chaque peinture du coin porte un bref commentaire extrait d'ouvrages bouddhiques. Comme dans les livres religieux du catholicisme, les inscriptions qui accompagnent la peinture bouddhique sont écrites en lettres d'or sur fond noir ou vert, ce qui rend leur traduction difficile.

Voici la traduction de la légende qui se trouve à la partie inférieure du kakémono :

« Sous le règne de l'Empereur Koken, cette grande peinture de la Mandara (paradis) a été faite conformément au vœu de la princesse Tchujo-Hime. La princesse désirait quitter ce monde détestable et entrer dans le monde pur de la religion. Elle entra donc dans le Temple de Taima le 15e jour du 8e mois de la 7e année de Tempei-Hoji (763) et se renferma dans le temple pour se consacrer entièrement à la dévotion. Un jour, un ange lui apparut qui lui apportait cinq manteaux faits de lotus et une robe merveilleuse. Sur ce vêtement elle peignit la Mandara dans l'espoir de gagner le bonheur dans le monde futur et pour faire comprendre au peuple les joies de la vie céleste.

« Cette peinture a été exécutée le 23e jour du 7e mois de la 7e année de Tempei-Hoji (763). »

L'original de ce saint kakémono est le plus important trésor du Temple de Taima et il est conservé avec le plus grand respect et la plus grande vigilance. Il n'est exposé que deux fois l'an. Il n'y a pas de Japonais qui ne le connaisse.

Cette copie (vers 1600) est *très exacte* et est due au pinceau d'un grand artiste. Elle se distingue des copies des œuvres ordinaires, en ce sens qu'elle n'a pas été faite dans un but mercantile. L'artiste a dû la faire pour gagner son salut dans la vie future.

(Note de M. K. Kawada.)

Anonyme

(Vers 1200)

2 — Amitawa et ses deux assistants.

Cette peinture appartient à l'école Kassuga.

L'École Kassuga est une branche importante de l'école bouddhique. Elle a été fondée au treizième siècle par Takatshika, à Kassuga, petite localité de la province de Yamato, près de Nara.

(Gonse, l'*Art Japonais*.)

Anonyme

(Vers 1650)

3 — Kwannon.

Anonyme

(Vers 1650)

4 — Un Sennin.

Anonyme

(Vers 1650)

5 — Un Sennin.

Ecole chinoise

Il est hors de doute que les Japonais ont dû à l'infiltration coréenne leur première initiation aux arts et aux sciences du continent voisin, et beaucoup de branches importantes de l'art au Japon ont reçu leur premier développement du travail et de l'exemple des immigrants coréens. Mais, ce sont les Chinois qui ont enseigné leur art aux peintres. NAN-RIU, *le premier artiste peintre du Japon dont on ait conservé quelque mémoire, était originaire de Chine, et les noms des maîtres fameux de la dynastie des T'ang, dont les ouvrages ont servi de guide au génie de* KANAOKA, *sont encore aujourd'hui aussi familiers aux Japonais instruits que l'histoire de Jingo-Kaogo et la conquête de la Corée. Bien plus! quoique plusieurs peintres coréens aient résidé au Japon et que bien des peintures coréennes aient dû être importées avant le neuvième siècle, il ne semble pas que nulle part, ces hommes ou ces œuvres aient servi à fonder un style ou une école définis; tandis qu'il y a eu peu de peintres japonais de valeur qui n'aient été fiers de s'inscrire comme les successeurs d'un ou plusieurs des maîtres des périodes T'ang, Sung ou Yüen, du Royaume du Milieu.*

(Anderson, Catalogue du *British-Museum*).

Keishoki (Shokei)

(Vers 1330)

Keishoki, nommé aussi KEISHO et HINRAKUSAÏ était un prêtre de Tokofugi. Il serait mort en 1345.

(Gonse, l'*Art Japonais*.)

6 — Le Faucon.

So-Bun-Shi

(Abréviation de Shoga-Shubun-Shi.)
Nommé aussi Shun-Iku et Ekkei-Shiouboun, élève de Iosetsou.

(Vers 1550)

7 — Fleurs et Oiseaux.

Shobun, le seul des trois élèves réputés de Shokokuji, qui n'est pas réputé pour le fondateur d'une école, doit être considéré comme le véritable chef de la nouvelle manière chinoise. Comme son maître, il était prêtre à Shokokuji et, au contraire de son condisciple Sesshiu, ne fit aucun effort pour sortir de sa profession sacerdotale..... Dans les temps modernes, les successeurs de Sesshiu, Oguri et Kano, se sont servis de Shiouboun comme d'un guide au moyen duquel ils pouvaient atteindre la hauteur des peintres de la dynastie des Sun et des Yuen.

(Anderson, Catalogue du *British-Museum*.)

Rin-Sho-Sen

(Vers 1550)

8 — Oiseaux.

Le peintre paraît être d'origine chinoise.

Goka-Chohan

(La peinture est datée de 1631)

9 — Fleurs et oiseaux.

Le peintre paraît être d'origine chinoise.

Yamashita Reinan

(Vers 1650)

10 — Miracle bouddhique.

11 — Miracle bouddhique.

12 — Miracle bouddhique.

13 — Miracle bouddhique.

Le peintre paraît être d'origine chinoise.

Anonyme

(Vers 1650)

14 — Princesse chinoise.

15 — Princesse chinoise.

Le peintre paraît être d'origine chinoise.

Wôü-Hozan

(Vers 1650)

16 — Seiwobo.

(Seiwobo est le type idéal de la beauté chinoise).

(Note de M. K. Kawada.)

Le peintre paraît être d'origine chinoise.

Sosetsu

(Vers 1700)

17 — Savants en excursion.

Bokousouï

(Vers 1750)

18 — Shoki.

Shoki, gardien des palais impériaux, est un demi-dieu, qui exterminait les diables.

(Note de M. K. Kawada.)

Shikei (Kurokawa)

(Vers 1750)

19 — Pivoines et grues.

2

Shoshiseki

(Vers 1770)

Nommé aussi Kun et Sekkei. Né à Yedo. Elève de Shiuko et de Shoshigan. Renommé pour ses peintures de fleurs, d'oiseaux et de bambous.

(Anderson, Catalogue du *British-Muséum.*)

20 — Le Corbeau.

21 — Un Faisan.

Gessen

(1721-1809)

Ou Getsu-Sen, prêtre de Iakusoji dans la province de Isé, auteur du *Ressen-Dzu-san-son*. Son style ressemble à celui de Buson.

(Anderson, Catalogue du *British-Muséum.*)

22 — Grues.

(Peint vers 1770)

Ken-Riotaï (Tatebé)

(Vers 1770)

Ses autres noms sont Mokio et Kenyosaï, auteur de deux albums célèbres, le *Wa-Kan Zatzu-Gwa* (1769) et le *Rio-un Chiku-fu* (1771).

(Anderson, Catalogue du *British-Museum.*)

23 — Roseaux, Oies.

Inscription : « Ken Riotai a peint ce kakémono à Kenyosaï. » Kenyosaï est le nom de l'atelier.

(Note de M. K. Kawada.)

Iakutchiu

(Vers 1780)

Ses autres noms sont Kin et Keiva. Il était né à Kioto et il fut l'un des artistes les plus réputés de son temps. Il étudia dans les écoles de Kano et Korin et imita les peintures chinoises des périodes des Yuen et des Mings. Finalement, il amalgama ces différents styles et il est considéré comme le promoteur d'une manière nouvelle.

(Anderson, Catalogue du *British-Museum.*)

24 — Un Coq.

Toyou

(Vers 1780)

25 — Prunier.

Tani Buntcho

(1764-1841)

Tani Buntcho, de Yedo, a fréquenté d'abord l'atelier de Bounleï, puis celui de Kangen ; il a étudié aussi les œuvres de Sesshiu et de Tanyu. Son style porte à un haut degré l'empreinte de ces deux maîtres. Il devint le peintre ordinaire du prince Tayasou-Tokougawa, le Mécène des artistes japonais à la fin du dix-huitième siècle. Il a dirigé la publication de nombreux livres d'histoire et d'art et notamment de l'immense ouvrage *Shiouko-Iisshiu.*

(Gonse, l'*Art Japonais.*)

26 — La déesse Kwannon (vers 1790).

27 — Un Sennin.

28 — Un groupe d'Oies.

29 — La Vallée (vers 1830).

30 — Dans la Montagne (vers 1830).

31 — Effet de Nuit (vers 1830).

32 — Le Meurtre (vers 1830).

Anonyme

(Vers 1790)

33 — Sur le Lac.

Todoki Baigai

(Vers 1790)

34 — La Chasse au Faucon.

Nanméi (Haruki)

(Vers 1800)

Ses autres noms sont SHIU-KI, RISHO et KO-UN-SHO. Il était le fils de Nanko. Il est réputé comme un des meilleurs coloristes de l'Ecole chinoise.

(Anderson, Catalogue du *British-Muséum*.)

35 — Le Cavalier.

36 — Fleurs et Canards sauvages.

Seika Hioki

(1800)

37 — La Pêche.

38 — Jeune Fille et son Page.

Le peintre paraît être d'origine chinoise.

L'inscription est la suivante : « Peint au lac Seiko par le prêtre Seika Hioki, en l'année Koshin de l'époque Kakei (1800).

Kiokuka Seiren

(Vers 1800)

Ses autres noms sont SHIMIDSU, JUN et SHI-SHO. Renommé par ses peintures de fleurs et d'oiseaux.

(Anderson, Catalogue du *British-Muséum*.)

39 — Coq et Poule.

Le cachet n'est pas celui de l'auteur. Le kakémono pourrait être une bonne copie du Maître.

(Note de M. K. Kawada.)

Imei

(Vers 1800)

Ses autres noms sont SHUKEI et TAIKEI. Il était l'élève de Iakutchiu. Il a peint dans le style des périodes des Yuen et des Mings.

(Anderson, Catalogue du *British-Muséum*.)

40 — Un Prunier sous la Neige.

Sekirio (Hayashi)

(Vers 1800)

41 — Philosophes Chinois.

Baitei

(Vers 1800)

Ses autres noms sont KI-BAI-TEI, ou TOKIATSOU ou KINKO. Elève de Bouson. Réputé pour ses paysages et ses figures.

(Anderson, Catalogue du *British-Muséum*.)

42 — Fleurs et Oiseaux.

Anonyme

(Vers 1800)

43 — Un Cerf.

Tchikusso

(1764-1832)

Réputé pour ses dessins de bambous.

(Anderson, Catalogue du *British-Muséum*.)

44 — Paysage.

Sekisui-Henko

(Vers 1820)

45 — La Cascade.

Shinzan

(Vers 1825)

46 — Fleurs et Insectes.

Kwazan (Yoko-Yama)

(1784-1837)

Nommé aussi Issho et Shunro.

Le meilleur élève de Bountchio est Kwazan, artiste et écrivain de grand mérite. Sa manière se distingue par une extrême élégance. Il est placé, par les Japonais, au premier rang des artistes modernes.

(Gonse, l'*Art Japonais.*)

47 — Aigle et Singe (vers 1830).

Baitsou

(1790-1857)

Originaire de Owari. Ses autres noms sont Riyo et Mei-Kiyo. Il est réputé pour ses paysages et ses fleurs.

(Anderson, Catalogue du *British-Museum.*)

48 — Les Paons (vers 1840).

49 — Les Canards (vers 1840).

50 — Fleurs (vers 1840).

Kitsudo-Sozan-Musen-koji

(Vers 1840)

Ses autres noms sont Guenrüisaï, Kan-Kwan, Foumio, Yatikou, Hokousaï-Taito.

Le Hokousaï-Taïto a illustré des livres et publié des estampes en assez grand nombre, mais sa signature est toujours accompagnée soit d'un cachet soit d'un autre nom. Son exécution ressemble tellement à celle de son maître Hokousaï qu'il est de toute nécessité d'étudier la signature si l'on ne veut pas se tromper.

(Goncourt, *Hokousaï.*)

51 — Les Rakans *(disciples de Bouddha).*

Shoshin-Sai (Ungaku)

(Vers 1840)

52 — Jeux Enfantins.

Ecole de Tosa

Cette école est la branche principale de l'école yamato. *Elle fut fondée au treizième siècle par Foudjiwara no Tsounetaka, qui était sous-gouverneur de la province de Tosa. Elle paraît avoir, plus que toute autre, échappé à l'influence chinoise et conservé fidèlement les traditions des vieux maîtres avec leurs conventions naïves. Le style en est minutieux, achevé, large pourtant et décoratif, jamais mesquin. C'est une peinture grave, sobre et soignée, dit M. Guimet* (Promenades japonaises), *convenant à l'esprit recherché et distingué de la cour de Kioto. Les artistes de cette école se sont surtout attachés à peindre des scènes historiques, les guerres entre les Foudjiwara, les Minamoto et les Taïra, les mœurs chevaleresques marquées par le souci du point d'honneur et le mépris de la mort, les fêtes et les danses de la Cour, les daïmios dans leurs somptueux costumes de cérémonie. Ils affectionnent l'emploi de l'or dans les fonds et peignent de préférence des* makimonos, *des paravents, des livres de présent. Les maîtres de l'école de Tosa sont les détenteurs du style historique et religieux. Peintres de la vie aristocratique et seigneuriale de la cour du Mikado, leurs œuvres sont restées au Japon en possession des familles qui les ont commandées.*

(Catalogue Ph. Burty.)

Anonyme

(Vers 1400)

53 — La déesse Amitawa.

L'inscription au verso est la suivante : « Ce tableau

des principaux dieux de la religion bouddhique a été remonté et réparé par Machizuki Zizaemon, chef des prêtres du Temple de Foukourinji, au village de Ikeda, province Kishu au Japon, le 3e mois de la 3e année de Shoho (1646) et de nouveau remonté et réparé par Kukan, chef des prêtres du Temple, le 4e mois de la 8e année de Kioho (1723). »

Anonyme

(Vers 1500)

54 — Diverses images de Bouddha.

55 — Diverses images de Bouddha.

Tosa Masanobou

(Vers 1650)

56 — Dieux bouddhiques.

Tosa Mitsuoki

(1616-1691)

Elève de Sansetsu, Mitsuoki est avec Mitsounoubou le plus illustre maître de l'école de Tosa. C'est lui qui a relevé les ateliers impériaux en décadence depuis le seizième siècle et créé ce style décoratif, raffiné, élégant où les fleurs, les oiseaux et les paysages ont des suavités paraphaélesques. C'est lui qui est l'innovateur de ces dessins d'une perfection exquise, dans leur fini, que les laqueurs de Kioto du dix-huitième siècle ont traduit avec un art inimitable. L'idéal de Mitsuoki réside dans la pureté de la ligne, dans la grâce ingénieuse du motif, traduit par un pinceau de miniaturiste. Personne n'a peint comme lui la tenuité frêle d'un brin d'herbe. Ses œuvres principales sont précieusement conservées chez l'Empereur ou dans quelques grandes familles de Kioto.

(Gonse, l'*Art Japonais*.)

57 — Fleurs et Oiseaux (vers 1680).

Signé : Tosa Mitsuoki, Sakon-No-Shogen.

Anonyme

(Vers 1700)

58 — La déesse Amitawa.

Anonyme

(Vers 1700)

59
60
61
62
63 } Suite d'Illustrations pour un ancien roman.
64
65
66
67
68

Tosa Mitsunari

(1650-1710)

Tosa Mitsunari était le fils de Tosa Mitsuoki.

69 — Seigneur en promenade (vers 1700).

Inscription : « Un vers de Yetaka sur les esprits de l'automne. »

Anonyme

(Vers 1700)

70 — La déesse Kwannon.

71 — La déesse Amitawa.

Tosa Mitsuyoshi

(1699-1772)

Mitsuyoshi est le maître le plus délicat, le plus élégant, de l'école de Tosa. A dix-sept-ans, il avait obtenu un titre honorifique. A trente-huit, il avait conquis le grade le plus élevé de l'école et devenait bientôt le conservateur de l'école de peinture de l'Empereur. Les écoles de Kioto n'ont rien produit dans leur finesse que les peintures de Mitsuyoshi. Celles-ci sont fort recherchées par les gens du bon ton et par les meilleures familles de l'aristocratie.

(Gonse, l'*Art Japonais*.)

72 — Les Grues.

Signé : Edokoro-Azukari *(titre)*, Shogoi *(vang)*, Tosa-No-Kami *(nom professionnel)*, Foudjiwara *(nom de famille)*, Mitsuyoshi *(nom personnel)*.

École de Kano

Cette école, fondée au quinzième siècle par Kano Masanobou, fut encouragée par les Shogouns qui l'adoptèrent en quelque sorte pour leur peinture officielle, par opposition à l'École impériale de Tosa. Sa fondation correspond à l'époque où les relations sont le plus intimes entre les Shogouns Ashikaga et la Chine, au moment où, dans ce dernier pays, la dynastie des Ming portait les arts à leur plus haut degré de splendeur. L'influence chinoise se fit ainsi naturellement sentir sur la jeune école, avide de nouveauté, qui s'enthousiasma pour le dessin cursif, pour le coup de pinceau, pour le trait jeté à main levée, des modèles chinois, et pour cette opposition du blanc et du noir devant laquelle allait bientôt pâlir le prestige de l'enluminure. L'atelier de Kano obéit à l'influence venue de la Chine jusqu'au moment où les Sesshiou, les Tanyou, les Naonobou en tirent un art aussi national et aussi personnel que celui de Tosa. Toutefois, l'école représente un art académique qui resta en opposition constante avec le naturalisme indépendant et franchement japonais de l'école vulgaire.

(Catalogue Ph. Burty.)

Kano Motonobou

(1475-1559)

C'est Motonobou, fils et élève de Masanobou, qui était destiné à porter au plus haut point de gloire et d'influence l'atelier qu'avait créé son père. C'est lui qu'on désigne lorsqu'on dit Kano tout court. Voici comment s'exprime à son sujet la grande Encyclopédie sinico-japonaise *Ouakan-Sandzaï-Dzouiyé* : « Il était le prince des peintres chinois et japonais et presque un dieu dans sa puissance. On l'appelle souvent KOHOGEN. Ses œuvres arrivèrent en Chine sous les Empereurs Mings et sa gloire se répandit dans tout cet Empire.

(Gonse, l'*Art Japonais*.)

73 — Faucon (vers 1550).

74 — Paysage.

Copie par KANO-ISSEN. A la fin du dix-huitième siècle, Yosen et son fils Issen représentent avec éclat l'école et la famille des Kano.

(Gonse, l'*Art Japonais*.)

75 — Philosophes.

Copie par KANO-OSANOBOU (vers 1830). Kano Osanobou, nommé aussi KWAI-SHIN-SAÏ, est mort en 1846.

Yukinobou Kiyowora

(1513-1575)

Son autre nom est UTA-NO-SUKÉ. Il était le frère de Kano-Motonobou.

76 — Coq et Poule.

77 — Paysage.

Anonyme

(Vers 1600)

78 — Le dieu Foudo.

79 — Le dieu Bishamon.

Kano Sansetsu

(Vers 1650)

Elève de Sanrakou, le peintre préféré de Taiko-Sama, qui avait établi à Kioto une succursale de l'école de Kano fortement imprégnée d'imitation chinoise. Cet atelier, repris par Sansetsu (mort en 1661), fils adoptif de Sanrokou, homme de grand savoir et de grand goût, eut une action très importante sur le génie propre de la ville impériale.

(Gonse, l'*Art Japonais.*)

80 — Canards sauvages.

81 — Djiou-Rodjin, le dieu de longévité.

82 — Oiseaux.

83 — Philosophe chinois.

84 — Oiseaux.

85 — Paysage.

86 — Philosophe chinois.

87 — Sennin.

88 — Paysage.

89 — Paysage.

90 — Paysage.

Anonyme

(Vers 1650)

91 — Carpes.

92 — Carpes.

Yasunobou Kano

(1613-1685)

Nommé aussi Yeishin-l'Ancien, ou Boku-Shin-Saï. Il était le frère du grand Tanyu.

93 — Canards.

Tanyu

(1601-1674)

Nommé aussi Tanyu-Saï ou Morinobou.

Tanyu est né en 1601. Ayant perdu son père très jeune, il apprit les éléments de la peinture chez Kano-Kohi, à Yedo. Il est encore aujourd'hui le plus populaire de l'École. Son œuvre est considérable et les amateurs se disputent au Japon les moindres productions de son pinceau.

(Gonse, l'*Art Japonais*.)

94 — La déesse Kwannon (vers 1660).

95 — Un Tigre (vers 1660).

96 — Les Rakans (vers 1660).

97 — Oiseaux de Mer (vers 1660).

Kuninobou

(Vers 1690)

Son autre nom est Dogen.

98 — Oiseau.

Anonyme

(Vers 1690)

99 — Hotei, dieu de l'Enfance.

Tsounenobou

(1636-1713)

Fils de Naonobou. Ses autres noms sont Yobokou, Koshin et Kounsaï.

100 — Faucon.

101 — Une Grue.

Hanabusa Itcho

(1651-1724)

Hanabusa Itcho, d'Osaka, élève indiscipliné de Yasanobou Kano, propagea à Yedo la peinture de style réaliste, y ajoutant tout l'humour, toute la libre fantaisie de son talent génial. Itcho peut être considéré comme un des maîtres du genre humoristique. Ses œuvres sont aujourd'hui très recherchées des Japonais.

(Gonse, l'*Art Japonais*.)

102 — L'Erable.

103 — Un Paysan.

104 — Fleurs et Oiseaux.

Tchikanobou

(1659-1728)

Fils de Tsounenobou.

Ses autres noms sont : Iosen, Koshin, Yeisin.

105 — Une Carpe.

Signé : Kano Hogen, Iosen, âgé de soixante années (1719.)

106 — Philosophe chinois (vers 1720).

Ritsouo

(1663-1747)

Ritsouo peut être placé à côté de Korin. Il n'est pas moins intéressant que lui au point de vue de l'originalité des procédés. Il s'est principalement rendu célèbre par ses travaux d'incrustation sur laque. Ses œuvres, dans un genre qu'il a créé, sont avidement recherchées par les connaisseurs du Japon et par les Européens qu'elles frappent par leur caractère d'étrangeté et de force. Ritsouo fut aussi un peintre des plus distingués. Il a étudié d'abord à l'école de Kano, puis à l'école de Matahei.

(Gonse, l'*Art Japonais*.)

107 — Jeune Femme et son Page.

108 — Charade.

L'inscription « Nazo-Nazo » signifie l'énigme.

109 — La Branche de Pommier.

Tanshin

(1653-1718)

Fils de Tanyu. Nommé aussi MORIMASSA.

110 — Foukou-Roukou-Jiou, dieu du Bonheur et de la Sagesse.

Hisanobou

(Vers 1720)

Nommé aussi KANO-EISEN.

111 — Oiseaux et Bambous.

Kano Norinobou

(Vers 1750)

Nommé aussi KANO DOTEI ou KANO YEISEN YIN 2e.

112 — Les Masques.
Signé : Kano Dotei.

113 — La Moisson.
Signé : Kano Dotei.

114 — Faisan.

Yeshin

(Vers 1750)

Ou Hidenobou Kano (?).

115 — Le dieu Djiou-Rodjin.

116 — Une Grue.

Tsunehidé

(Vers 1750)

117 — Le Mont Fouzi-Yama.

Setsuwo

(Vers 1750)

118 — Faucon.

Koremassa (Yowa)

(Vers 1750)

Elève de Tsounenobou (?).

119 — Paysage.

Hidenobou

(Vers 1750)

120 — La Lutte de Soga Goro et de Asahima Saburo (époque de Yoritomo).

Anonyme

(Vers 1750)

121 — La Déesse Kwannon.

Moku-Moku-Dojin

(Vers 1750)

122 — Fleurs et Oiseaux.

Takimoto Toho

(Vers 1750)

Son autre nom serait Ninko, d'après une inscription qui se trouve au verso de la peinture.

123 — La Déesse Kwannon.

L'inscription signifie : « Takimoto-Toho a peint ceci à la demande de Yumé-Tchuzo. » (Probablement un prêtre bouddhiste.)

(Note de M. K. Kawada.)

Kano Yusen

(Vers 1780)

Son autre nom est So-Jo. Prêtre de la secte de Shingon. Renommé pour ses paysages monochromes dans le style de Sesshiu.

(Anderson, Catalogue du *British-Muséum*.)

124 — Le Mont Fouzi-Yama.

Hogen Eissen

(1730-1760)

Nommé aussi Kano Michinobou.

125 — Paysage (d'après Rokan, artiste chinois).

Yeisen Hoin

(Vers 1790)

Son autre nom est Michinobou. Fils de Naonobou. Il est un des meilleurs artistes de l'école.

(Anderson, Catalogue du *British-Muséum*.)

126 — Les Mouettes.

Isen

(1775-1828)

Ses autres noms sont Isen-In-Hoin et Naganobou. Il est le fils de Michinobou.

127 — La Pluie (vers 1800).

Anonyme

(Vers 1800)

128 — Le Dieu Bishamon.

Rokio

(Vers 1800)

129 — Fleurs et Oiseaux.

Senriu

(Vers 1800)

130 — Seiwobo.

Taiyei

(Vers 1800)

Ou KOZAN.

131 — Grues et Tortues.

Signature : Taiyei Hogen *(titre)* Kozan Kishinsaï.
Cachet : Hogen, à l'âge de 73 ans.

Gokio

(Vers 1800)

132 — Le Dieu Hotei.

Signature : Hokio *(titre)*, Haku-Hai-Sai, Gokio.

Anonyme

(Vers 1800)

133 — Femmes de la Cour Impériale.

Anonyme

(Vers 1800)

134 — La Mort de Bouddha.

Zen-Kirai

(Vers 1800)

135 — Un Miracle.

Katateru

(Vers 1800)

136 — La Vieillesse de la Princesse Komati.

Naoteru

(Vers 1800)

137 — L'Enfant au Chrysanthème.

Settei (Tsukioka)

(1758-1835)

138 — Jeune Femme.

Signé : Hokio Tsukioka Settei.

Takekiyo

(Vers 1820)

139 — Une Grue.

Mori Giokussan

(Vers 1820)

Nommé aussi Takamassa. Elève de Mori Sosen.

140 — Jeunes Femmes.

Seisen-In

(Vers 1820)

Nommé aussi Kano Osanobou, fils de Naganobou.

141 — Sennin.

142 — Sennin.

Komaïsha (Itchiga)

(Vers 1840)

143 — Philosophe chinois.

Kano Riosho

(Vers 1840)

Son autre nom est Hidemasa.

144 — Seiwobo.

Kamiosaï

(Vers 1840)

145 — Philosophes chinois.

146 — Philosophes chinois.

Moriyoshi (Tanitchisaï)

(Vers 1850)

147 — Oiseau.

Umpo

(Vers 1850)

148 — Carpe.

Kaho-Kan

(Vers 1850)

149 — Fleurs.

150 — Fleurs.

Togakou

(Vers 1850)

151 — Foukou-Roukou-Djiou.

Kiosaï

(Mort en 1889)

L'école vulgaire est représentée aujourd'hui par l'un des derniers élèves de Houkousaï, Kiosaï que M. Guimet a mis en scène d'une façon fort plaisante dans ses *Promenades* japonaises. Les Japonais l'appellent leur second Hokousaï.

(Gonse, l'*Art Japonais*.)

152 — Corbeaux.

Le cachet de ce kakémono porte l'inscription suivante : « J'ai été récompensé par l'Empereur. »

153 — Corbeaux.

154 — Shôki et la Courtisane.

Ecole de Sesshiou

C'est une des branches de l'école chinoise au Japon. Sesshiou, né en 1420, est considéré par beaucoup de critiques comme le plus grand artiste de l'antiquité (Fenollosa, Chapter on painting). *Passé en Chine (1460), il étudia d'abord les Chinois, mais bientôt les émerveilla et revint (1469) se fixer au Temple d'Unkoku-ji. Il mourut en 1506, laissant pour élèves des artistes de premier ordre. Le grand Kano lui-même et son père durent beaucoup à son influence et à ses leçons. (Voy.* Appert, Ancien Japon *et* Anderson, *Catalogue, pages 263 et suiv.)*

(Catalogue Ph. Burty.)

Sesshiu

(1414-1506)

Le peintre Sesshiu était prêtre bouddhique. Avant d'être connu comme artiste, il occupait un rang distingué parmi les hommes de son temps. On s'accorde à lui donner, comme date de naissance, l'année 1414. Les Japonais ne le rattachent à aucune école et le classent parmi les indépendants. Il acquit les premières notions de la peinture dans l'atelier de Iosetsou. La vigueur et l'originalité de ses dessins en noir et blanc lui acquirent une rapide célébrité. Sa réputation parvint jusqu'en Chine et l'Empereur lui fit offrir de venir entreprendre la décoration de son palais. Il n'y rencontra aucun concurrent à sa taille, et l'on prétend que son impérial protecteur l'ayant prié de tracer devant lui une esquisse, Sesshiu plongea un balai dans l'encre et dessina, avec les éclaboussures de ce pinceau improvisé, un dragon d'un aspect si merveilleux que son renom se répandit dans tout le pays. Il y peignit, entr'autres choses, une vue du Fouzi qui existe encore aujourd'hui dans le palais impérial de Pékin. Sesshiu s'imprégna de quelques-uns des principes de l'art chinois, et on en retrouve particulièrement la trace dans ses paysages ; mais il tint le meilleur de son talent de l'étude approfondie qu'il avait faite de la nature. Revenu au Japon, il termina ses jours au Temple de Ounkokoudji, dans la province de Souô (de là le nom de Ounkokou que prit son école) et mourut en 1506, entouré d'une vénération presque sainte.

(Gonse, l'*Art Japonais*.)

155 — Le Lac.

Signé Ounkokou Toyo.

Djutsu-Zen

(Vers 1450)

156 — Paysage.

Gotei Togan

(Vers 1450)

157 — Grues.

Shiuyo

(Vers 1650)

158 — Sennin.

Hasegawa Settan

(Vers 1830)

Un des artistes les plus réputés pour la peinture des *Meishos* ou guides-album.

159 — Hotei et Djiou-Rodjin, dieux du Bonheur.

Ecole de Korin

Korin

(1661-1716)

Korin (Ogata), connu aussi sous les noms de Sei-sei et Hotschikou, est le chef de l'école qui porte son nom et qui se rattache à l'école de Yamato. C'est peut-être, dit M. Gonse, le plus original et le plus personnel des peintres japonais. Son dessin est toujours étrange et imprévu, expressif et vigoureux, son coloris harmonieux. Parfois ses personnages et ses animaux paraissent à peine dessinés; mais, sous des apparences souvent enfantines, on découvre une science réelle de la forme. Il travailla surtout pour les laques et fonda la nouvelle école d'art sous laquelle la peinture japonaise arriva au dernier épanouissement de ses splendeurs décoratives. Ses dessins et même les éditions de ses œuvres sont aujourd'hui fort rares. Ses laques atteignent les prix les plus élevés.

(Catalogue Ph. Burty.)

160 — Okamé.

Kenzan (Ogata)

(1663-1743)

Korin eut un frère cadet, du nom de Kenzan, qui est le céramiste le plus original et, après Ninseï, le plus célèbre du Japon. Son style est sorti de celui de Korin et son talent de peintre a la plus grande analogie avec celle de son frère.

(Gonse, l'*Art Japonais*.)

161 — Paysage.

Hohitzou

(1761-1828)

Avec Hohitzou nous atteignons le summun de ce que l'art a produit dans le sens de la délicatesse du sentiment poétique, du raffinement de la conception purement japonaise.

Hohitzou est un fruit quintessencié du goût de Korin, relevé par les hautes élégances de l'école de Tosa. Il appartenait aux rangs les plus élevés de l'aristocratie.

(Gonse, l'*Art Japonais.*)

162 — Le Vent.

163 — La Tempête.

Ecole de Ganku

L'école de Ganku est une branche de l'école chinoise.

(Note de M. K. Kawada).

Genmei (Hakuyen)

(Vers 1840)

164 — Fleurs et Oiseaux.

Ganrio (Utanosuké)

(1798-1852)

Nommé aussi Gwa-Oun et Shirio. Elève et neveu de Ganku. Il a été attaché à la cour du prince Arisugawa.

165 — Grues et Pins.

Sentei (Iké)

(Vers 1840)

Nommé aussi Iké-No ou Hiyo-An. Elève de Ganku.

166 — Un Tigre.

(Yoshikawa) Shokoku

(Vers 1850)

167 — Fleurs et Oiseaux.

Ecole de Shijo

Les vieux peintres de la Chine et du Japon admettaient à l'occasion, comme principe général, qu'une étude attentive de la nature était essentielle pour permettre d'atteindre les sommets les plus élevés de l'Art. Mais leur acquiescement à cette formule était si élastique qu'il n'imposait à leur métier nulle contrainte. Bien des anciens maîtres chinois avaient, en réalité, observé la nature, tout en lui donnant un caractère conventionnel. Ils se trouvaient en avance sur certains de leurs imitateurs qui, souvent, copiaient leurs œuvres avec une foi enthousiaste et exclusive de l'esprit d'analyse, en reconventionnalisant des choses déjà conventionnelles et en développant des travers qui n'avaient pu s'imposer que grâce à un mélange de vérité encore qu'on put à peine découvrir l'élément précieux dans la masse des apports calligraphiques.

Le premier artiste qui a modifié l'art japonais en promulguant et en pratiquant le réalisme fût MARUYAMA OKIO, *le fondateur de l'école* naturaliste *de Shijo.*

(Anderson, Catalogue du *British-Museum.)*

Okei

(Vers 1750)

168 — Oiseau.

Koki

(Vers 1750)

169 — Faisan.

Okio (Marouiyama)

(1732-1795)

Elève de Yioutshio.

Au point de vue de l'influence de l'enseignement, Okio peut être comparé à Tanyu et à Sesshiu. Son école avec celle de Goshun est la plus importante du dix-huitième siècle; elle fut même plus populaire que celle de Goshun. Son nom est au nombre des trois ou quatre que les Européens épellent dès leur arrivée au Japon.

(Gonse, l'*Art Japonais*.)

170 — Le Fouzi-Yama.

171 — Cerf.

172 — Le Badinage.

173 — Sennin.

174 — Sennin.

Rosetsu (Nasagawa)

(1755-1799)

Ses autres noms sont GIYO et SUI-KEÏ.

175 — Fleurs et Oiseaux.

176 — Jeunes Chiens.

Keiboun (Matsumura)

(1780-1844)

Ses autres noms sont SHI-SO et KWA-KEI.

Il est le frère cadet de Goshun. Un des élèves les mieux doués de l'école. Ses peintures sont remarquables par leur délicatesse et leur vérité.

(Anderson, Catalogue du *British-Muséum*.)

177 — Le Maître.

Yasunobou

(Vers 1800)

178 — Les Oies.

Divers

(Vers 1800)

179 — Paysage. { Yoshinobou, Sosen, Yoshinobou, Tayen, Riukei, Yasunobou.

Anonyme

(Vers 1800)

180 — Cailles.

San-Kei-Tatsu (Okawa Keisan?)

(Vers 1800)

181 — Coq et Poule.

Goshun

(1741-1811)

Ses autres noms sont Yenzan et Gekkei.

Il est, avec Okio, le fondateur de l'école moderne et indépendante de Kioto ou école de Shijo, qui se distingua de celle de Yedo par une extrême élégance, l'harmonie de son coloris et un goût particulier dans la composition. L'art de Goshun est franchement japonais et ne relève en rien de l'école chinoise. Il témoigne d'une étude approfondie des grands maîtres des trois siècles précédents. Les plus beaux modèles des broderies de Kioto sont empruntés à Goshun. Son dessin est net, élégant et d'une rare distinction. Après avoir étudié chez Bouson, il voulut suivre l'enseignement d'Okio, dont la réputation était déjà fort grande. Okio se défendit de cet hommage rendu à son talent en lui disant : « Je puis être votre ami, mais non votre maître. » Goshun est mort en 1811, laissant derrière lui une réputation que le temps n'a fait que grandir.

(Gonse, l'*Art Japonais*.)

182 — Vieillards chinois (vers 1800).

183 — La Vallée des Singes.

184 — Fleurs et Oiseaux.

Iyé-Atsu

(Vers 1800)

185 — Canards.

Iyé-Atsu n'est pas mentionné dans l'histoire des peintres japonais, mais son cachet signifie GESSEN. Gessen est un prêtre de Kioto qui vivait au commencement du siècle.

(Note de M. K. Kawada.)

(*Voir le* n° 22.)

Mori-Sosen

(1747-1821)

Sosen est connu chez nous comme peintre de singes. Son nom veut dire littéralement « sennin des singes. » Ceux qui estimeraient que Sosen est le plus grand peintre réaliste du Japon, supérieur comme animalier à Hokousaï lui-même, seraient bien près de la vérité.

(Gonse, l'*Art Japonais*.)

186 — Singes (vers 1810).

Keioun

(Vers 1820)

187 — Fleurs et Oiseaux.

To-Itsou

(Vers 1840)

188 — Animaux divers.

Anonyme

(Vers 1840)

189 — Faucon.

Ittei

(Vers 1840)

190 — La Branche de Cerisier.

Signé : Kakuho-Tchojin Ittei.

Bunrin (Shiokawa)

(Vers 1840)

Nommé aussi Shiwo-Gawa. Bunrin de Kioto est un des plus brillants peintres de paysage du siècle actuel. Sa brosse était guidée par l'imagination du poète et l'habileté de l'artiste. Il a fixé sur le papier et sur la soie, avec un raffinement exquis et une manière très suggestive, les plus remarquables de ces effets atmosphériques qui jettent sur le paysage japonais une féerique lumière. Il prit part à la décoration du Palais impérial de Kioto et mourut en 1877 à un âge avancé.

(Anderson, Catalogue du *British-Museum*.)

191 — La Chauve-Souris.

192 — La Flûte.

193 — Amusement.

194 — La Harpe.

Inscription : « Il n'y a pas d'esprit de la terre dans la baie verte, mais mes amis sont au milieu des montagnes élevées et des fleuves rapides. »

195 — Beuverie.

196 — Le Jeune Homme et le Philosophe (légende de Tchorio, un héros chinois).

Inscription : « Les trois hommes sont originaires de Gakuyo. Ils se promènent sur les bords du lac Dotei, en chantant des vers. »

197 — Philosophe et son Page.

Inscription : « Il est dans un vaste jardin rempli des souffles de l'automne et il porte un chrysanthème cueilli dans une vallée très solitaire. »

198 — Chinois en promenade.

199 — Le Héros et le Page.

Inscription : « Il est très bien et très fort, mais il semble être ignorant de toutes choses. »

200 — Le Canard.

201 — Conversation.

Sempo

(Vers 1840)

202 — Deux Singes.

Bousan

(Vers 1860)

203 — Insectes.

Seisshu

(Vers 1850)

204 — Singes.

Légende : « Quand le cerisier des montagnes est en pleine fleur, notre cœur saute de branche en branche comme le singe. »

(Manshiro.)

Zeshin

(Mort en 1892)

Le peintre contemporain le plus en renom dans la classe élevée est Zeishin. Disciple des hautes écoles de Kioto, il est le dernier représentant de cet art noble et élégant que nous avons vu en pleine floraison à la fin du dix-huitième siècle. Avec lui disparaîtra ce qui restait du vieux Japon.

(Gonse, l'*Art Japonais.*)

205 — Fruits.

Ce kakémono offre cette particularité qu'il est peint en laque.

Hanzan (Matsukawa)

(Mort en 1883)

206 — Coq et Poule.

Keinen

(Professeur à l'école des Beaux-Arts, à Tokio.)

207 — Un Singe.

Ecole Oukiyo-yé

L'école Oukiyo-yé *fut fondée au commencement du dix-septième siècle par Iwasa Matahei (ou Matabei). Son véritable promoteur fut Hishikawa Moronobou, et son nom lui vint du surnom d'*Oukiyo *donné à Nishikawa Soukénobou. Elle acquit immédiatement une immense popularité; elle répondait, en effet, aux aspirations et aux goûts de la foule, en choisissant des sujets qui lui étaient familiers, des scènes de la vie quotidienne, et en les copiant sur la nature. Pour cette double raison l'école mérita la double épithète :* vulgaire *et* réaliste. *Ni les artistes de Tosa ni ceux de Kano ne se seraient compromis à peindre des sujets aussi méprisés par l'aristocratie, et il n'est pas étonnant que les grands seigneurs, habitués aux élégantes miniatures des Koughès de la Cour du Mikado, n'aient jamais voulu voir que des ouvriers dans ces artistes qui peignaient les scènes de la vie courante, les traits des acteurs célèbres et les courtisanes à la mode dans leurs splendides costumes. Shounsho, Toyokouni, Outamaro, Hokusaï n'en comptent pas moins, à nos yeux, parmi les plus glorieux représentants de l'art japonais. L'école vulgaire, sortie des entrailles mêmes de la nation, est, dit M. Gonse* (l'Art japonais), *l'expression populaire, et sans aucun mélange étranger, du génie japonais; elle en est la forme la plus originale, la plus complète, celle qui nous fait pénétrer le plus intimement dans l'esprit du Nippon.*

(Catalogue Ph. Burty.)

Moronobou

(1646-1715)

Le véritable créateur de l'Oukiyo-Yé, qui dans la période moderne a pris le nom d'école d'Outagawa, est Hishikawa Moronobou, de Kioto, qui étudia à l'école de Matahci et développa dans la classe populaire le goût du style vulgaire. Le professeur Anderson le considère comme le plus habile et le plus génial représentant de ce style.

Moronobou, Shiounsho, Hokousaï sont les trois cîmes de l'école vulgaire.

(Gonse, l'*Art Japonais*.)

208 — Le Brûle-Parfum.

209 — Courtisane.

210 — Les Philosophes.

211 — Courtisane.

212 — La Lanterne.

213 — Le Ruisseau.

214 — La Lecture.

Soukenobou

(Né vers 1671)

Nommé aussi Bun-Kawa-Do et Nishi-Gawa-Ukiyo. Né à Kioto. Etudia à l'école de Yeino Kano. Il peignit de préférence les courtisanes du Yoshiwara. Dans ses makimonos et ses albums se déroulent, en théories charmantes, les occupations de la femme japonaise.

(Gonse, l'*Art Japonais*.)

215 — Le Concert.

216 — La Promenade sur le Lac.

217 — La Fillette.

218 — Jeune Femme et son Page.

219 — La Terrasse.

220 — Le Petit Bateau.

Tshoshoun (Miagawa)

(Vers 1700)

Contemporain de Moronobou. Son style et ses motifs ressemblent à ceux de Moronobou et possèdent un charme égal dans la couleur.

(Anderson, Catalogue du *British-Museum*.)

221 — Le Bateau.

Anonyme

(Vers 1720)

222 — Jeunes Femmes.

Katsoushigé (Fujiwara)

(Vers 1720)

223 — Jeune Femme et son Chat.

Shunso (Katsougawa)

(Mort vers 1790)

Ses autres noms sont Kirosaï et Yusuké.

Shunso, le fondateur de l'école Katsougawa, a travaillé presque exclusivement pour la gravure, c'est-à-dire pour les livres d'imagerie.

(Gonse, l'*Art Japonais*.)

224 — Le Bord du Fleuve.

Anonyme

(Vers 1750)

225 — Loge de Comédiens.

Anonyme

(Vers 1750)

226 — Jeune Femme et Enfants.

Anonyme

(Vers 1750)

227 — La Fenêtre.

Kiyonaga

(Vers 1790)

Nommé aussi SEKI-SHUN-SUKÉ. Elève de Kiyomitsou, Kiyonaga est un maître original et puissant; ses compositions se distinguent entre toutes par la vie, le mouvement, le relief et les combinaisons audacieuses du coloris.

(Gonse, l'*Art Japonais*.)

228 — Une Rue japonaise.

Toyoharou (Outagawa)

(1735-1814)

Toyoharou élève de Toyoshiro fonda la branche de l'école vulgaire dite d'Outagawa. Il est particulièrement apprécié des Japonais.

(Gonse, l'*Art Japonais*.)

229 — Courtisane et ses Pages.

Toyohiro (Outagawa)

(Mort en 1828)

Nommé aussi ICHI-RIU-SAÏ. Elève de Toyoharou. Réputé pour ses images en couleur.

(Gonse, l'*Art Japonais*.)

230 — Les deux Princesses.

231 — Femmes de la Cour.

Anonyme (Katsounobou ?)

(Vers 1790)

232 — Le Jeu de Dés.

Anonyme

(Vers 1790)

233 — Jeune Femme.

1re légende : « Le brouillard nous rappelle son habit et les fleurs nous rappellent sa figure. La bise du printemps ayant balayé la balustrade de la galerie, la fleur mouillée de rosée paraît plus sombre. »

(Tarumi-Sekighi.)

2e légende : « A l'aube, la fleur de cerisier parait être une jeune fille sans maître. »

Masakazou

(Vers 1800)

234 — Courtisane.

Cet artiste ne figure pas dans l'histoire des artistes japonais, mais d'après son style il est probable qu'il fut l'élève de Kitawo Masayoshi. »

(Note de M. K. Kawada.)

Itshi

(Vers 1800)

Nommé aussi Rekizendo.

235 — Courtisane.

Anonyme

(Vers 1800)

236 — Le Volant.

Toyokouni

(1768-1825)

Elève de Outagawa Toyoharou. Son autre nom est Itiyo-Saï.

Son école prit le nom d'école Outagawa, branche des plus importantes du style vulgaire. Ses figures d'acteurs sont extrêmement caractérisées; elles se reconnaissent entre toutes. Toyokouni a porté plus loin que personne la force de la mimique théâtrale. Les œuvres de sa première manière sont des plus remarquables.

(Gonse, l'*Art Japonais*.)

237 — Courtisane et son Page.

La légende est de Togara Okamitchi, un grand poète de l'époque. Elle célèbre le mérite de la peinture.

Outamaro

(Vers 1800)

Elève de Toriyama Meiyen, de Kano. Outamaro Kitagawa est, avec Eishi, le maître le plus distingué et le plus gracieusement féminin de l'école vulgaire. Les femmes de Outamaro ont la grâce allongée et voluptueuse des figures de notre école de Fontainebleau; ses compositions ont une harmonie rythmée dont le charme est sans égal.

(Gonse, l'*Art Japonais*.)

238 — Courtisane et son Page.

239 — Les Papillons.

Settei (Hasségawa)

(Vers 1800)

Fils de Hasségawa Settan.

240 — Jeune Femme et son Page.

Koriousaï

(Vers 1810)

Nommé aussi Isoda-Shobei. Renommé pour ses estampes.

(Anderson, Catalogue du *British-Muséum.*)

241 — Courtisane et ses Pages.

Ransaï

(Vers 1810)

Plus connu sous le nom de Asuyama Yoshikuni.

242 — Jeune Femme.

Pas de signature. Seulement un cachet.

Il y a quatre artistes du même nom. L'auteur du kakémono, le seul qui appartienne à l'école vulgaire, est Ransaï ou Ran-Yei-Saï, artiste d'Osaka.

(Note de M. K. Kawada.)

Kounisada

(Vers 1810)

Nommé aussi Toyokuni II.

Kounisada de Yedo devint rapidement le meilleur élève de Toyokuni Ier. En 1844 il adopta le nom de son maître et, à partir de ce moment, Kounisada signa Toyokuni IIe. Il a exclusivement travaillé pour l'imagerie populaire. Son œuvre est immense et fait encore aujourd'hui les délices des femmes et des enfants.

(Gonse, l'*Art Japonais.*)

243 — Gueisha (chanteuse).

La légende est du comédien Danjuro, huitième du nom. Elle célèbre le mérite du kakémono.

Hokousaï

(1760-1849)

Hokousaï est un des plus grands peintres de sa nation ; à notre point de vue européen, il en est même le plus grand, le plus génial. Si l'on considère en lui les dons généraux, les qualités techniques qui font les maîtres, sans distinction de temps ni de pays, il peut être placé à côté des artistes les plus éminents de notre race : il a la force, la variété, l'imprévu du coup de pinceau ; il a l'originalité et l'humour, la fécondité, la verve et l'élégance de l'invention, un goût suprême dans le dessin, la mémoire et l'éducation de l'œil, poussés à un point unique, une adresse de main prodigieuse. Son œuvre est immense, d'une immensité qui effraye l'imagination et résume, dans une unité d'aspect incomparable, dans une réalité nerveuse, saisissante, les mœurs, la vie, la nature. C'est l'encyclopédie de tout un pays. C'est la comédie humaine de tout un peuple. Hokousaï appartient à l'école vulgaire mais il s'élève au-dessus d'elle par l'abondance et la personnalité des conceptions pittoresques, par la profondeur du sentiment et la puissance comique. Il est à la fois le Rembrandt, le Callot, le Goya et le Daumier du Japon.

Le nom de Hokousaï est le premier nom d'artiste japonais qui ait traversé les mers ; il deviendra sous peu célèbre dans les deux hémisphères, il l'est déjà. Tous ceux qui s'occupent d'art de près ou de loin seront bientôt familiarisés avec sa consonnance exotique. Un talent si complet et si original doit appartenir à l'humanité.

(Gonse, l'*Art Japonais.*)

244 — La Vieillesse de la Princesse Komati.

Signé : Hokousaï-Taito (vers 1840).

245 — Chasseur à l'affût.

Signé : Manji, âgé de quatre-vingt-un ans (1841).

246 — Bateaux de riz.

Signé : Hokousaï.

247 — Courtisane.

248 — Gymnastes et Magiciens.

249 — Sennin à la coupe de Saké.

250 — La Femme assassinée.

251 — Courtisane.

Signé : Hokousaï, habitant de Katsutshika.

252 — Pêcheur jetant ses filets.

(Vue de Kajika-Sawa, dans la province de Kahi).

Cette peinture est reproduite dans le célèbre recueil des *Trente-six vues du Fouzi-Yama.*

253 — Un Tigre.

Yeisen (Keisaï)

(1792-1848)

Nommé aussi Ikeda et Yoshinobou Yeisen.

254 — Courtisane.

Ariyoshi

(Vers 1820)

255 — Le Bateau.

Kouniyoshi (Itchiyussaï)

(1796-1861)

Elève de Toyokuni.

256 — Un Colporteur.

Hiroshigé (Rissaï)

(1786-1858)

Elève de Rinsaï Okajima et de Outagawa Toyoharou.

Hiroshigé est après Hokousaï le peintre de mœurs le plus vivant et le plus fécond du dix-neuvième siècle; il en est aussi le plus grand paysagiste. Personne dans l'art japonais n'a poussé plus loin la connaissance de la perspective. Ses peintures, qui sont fort rares, dénotent une science consommée dans le maniement du pinceau.

(Gonse, l'*Art Japonais*.)

257 — Jeune femme.

258 — Paysage.

259 — Paysage.

260 — Les Bords du Fleuve Sumida, à Tokio.

261 — Paysage.

Signé : Rissaï.

262 — Paysage.

Signé : Rissaï Hiroshigé.

Noboyuki (Itchirakusaï)

(Vers 1850)

263 — Paon.

Setsu-An

(Vers 1850)

264 — Paons.

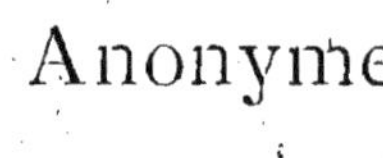

Anonyme

(Vers 1860)

265 — Une Gueisha.

Toulouse. — Impr. G. Berthoumieu, rue Denfert-Rochereau, 15. — 4-1900

www.ingramcontent.com/pod-product-compliance
Ingram Content Group UK Ltd.
Pitfield, Milton Keynes, MK11 3LW, UK
UKHW012105240726
13965UKWH00004B/1562